OPINIONS
DE M. NESTOR URBAIN

EXTRAITES

DES DIFFÉRENTS ÉCRITS QU'IL A PUBLIÉS

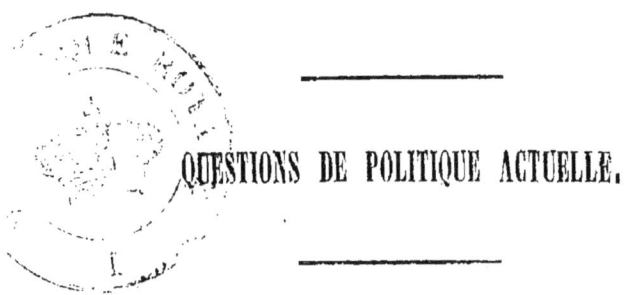

QUESTIONS DE POLITIQUE ACTUELLE.

LÉGISLATION.

Les hommes même qui sont restés attachés, dans la sincérité de leurs cœurs, aux doctrines de soumission et de respect qui étaient autrefois en usage, sont instinctivement portés aujourd'hui à rechercher les motifs de toute suprématie qui peut agir sur eux.

De cet esprit général d'examen et de discussion, le gouvernement a tiré un profit immense toutes les fois qu'au lieu de lutter inutilement il s'est décidé à suivre le mouvement dans lequel l'esprit des populations l'entraînait ; et nous sommes arrivés dans une période où le gouvernement, quels que soient d'ailleurs les hommes qui le composent, aura longtemps encore le sentiment de son intérêt bien entendu. Qu'importe la forme des institutions, qu'importe la manière dont se manifeste la volonté des masses? N'attachez point d'importance à une année, à des mois, à des jours, dans la vie des nations; il y a aujourd'hui mille manifestations faciles de toute volonté, de tous besoins populaires; le gouvernement ne peut les méconnaître, et la confiance qu'on doit lui accorder se trouve tout naturellement réduite à cette limite, en deçà de laquelle il faut qu'il s'arrête, dès qu'il se voit en opposition avec les désirs du plus grand nombre, et au delà de laquelle il ne pourrait aller sans gêner la manifestation des volontés publiques. . . . .

Étudier et comprendre les vœux généraux, savoir, y céder sans pour cela rechercher avec avidité une popularité que l'on trouve toujours infidèle quand on la poursuit avec trop d'ardeur, c'est le devoir et l'intérêt bien entendu des gouvernements. Il n'y a, du reste, qu'une administration stable qui puisse suivre avec constance la ligne que la sagesse lui aura tracée, parce qu'il faut du temps pour que les hommes, placés à la tête d'une nation, puissent apprendre à ne donner aux choses que leur valeur réelle, et à ne pas se livrer sans réserve aux conséquences immédiates qui leur paraissent ressortir des événements.

(*France Départementale. — Janvier* 1838.)

Malgré l'incertitude que laissent encore les premiers essais, il est facile de prévoir que, dans un temps fort court, l'établissement des chemins à ornières aura pour les populations une bien grande importance, si cette invention vient se lier à quelque autre du même genre, capable de multiplier les rapports entre les intelligences et d'agrandir l'espace où se répand la pensée d'un seul homme. Vous verrez bientôt toutes nos opinions d'économie sociale bouleversées, et ce qui faisait naguères, suivant vous, la prospérité des nations, devenir à vos yeux une barrière qui trop longtemps arrêta l'esprit humain.

Pour hâter ce progrès, il faut aujourd'hui modifier la loi.

Que l'association soit en elle, et la concurrence dans les mœurs; ces deux principes établiront bientôt dans le monde une puissance créatrice qu'on ne peut prévoir, une *liberté individuelle* presque sans limite, une *hiérarchie des capacités* qui tiendra de la force des choses. En France, nous sommes bien plus avancés que partout ailleurs, car nos mœurs de concurrence, d'égalité et de classement sont faites. Créez donc une législation qui ne soit plus un amas d'articles spéciaux et rétrécis pour des circonstances données parmi lesquelles se trouve rarement le moment présent; que la loi écrite constitue *partout et pour tous un tribunal arbitral* toujours de *son* temps, toujours de *son* pays, elle deviendra le premier élément de progrès au lieu d'être une résistance.

(*Introduction à l'étude de l'économie politique.* — Page 82.)

DÉPUTÉS.

—

Je crois avoir démontré ailleurs que *la volonté des masses est composée, non de la majorité ni de la réunion de toutes les volontés des individus, mais de la portion de volonté que chacun apporte pour exécuter une entreprise d'intérêt général.* Cette énonciation un peu métaphysique d'un fait dont la preuve est écrite à toutes les pages de l'histoire, me paraît tout à fait propre à établir la différence qui existe réellement entre les fonctions des députés et celles des membres des conseils généraux. Les uns, destinés à représenter la *masse* de la nation, doivent apporter dans tous leurs actes la conscience du sentiment général; il faut qu'ils soient habiles à connaître la partie commune des volontés particulières; leur mission, s'ils étaient toujours sages, ne dépendrait presque jamais de leur opinion personnelle, mais de leur capacité à apprécier la manifestation de l'opinion publique. Presque tous les gouvernants et les législateurs ont la funeste prétention d'imposer leur pensée, et de formuler d'eux-mêmes le bonheur et l'avenir des peuples. Un député de haute capacité devrait, surtout dans un temps de paix et d'ordre général, se borner à constater les volontés et les désirs communs à tous les départements. Avec une habileté plus grande, il saurait connaître non la *volonté* qui procède de l'*intérêt déjà bien senti*, mais l'*intérêt* même de ces hommes réunis en une association qu'on appelle la nation.

(*France Départementale. — Janvier* 1837.)

INSTITUTIONS PROVINCIALES.

Ce qui manque à la province, ce que tous les intérêts réclament, et ce dont l'absence est à chaque moment plus pénible à mesure que notre tranquillité intérieure rend plus désirable la multiplicité des transactions commerciales, ce sont des institutions destinées à créer une individualité à chaque ville, une importance réelle à chaque département.

Depuis que la France n'a plus de provinces, elle attend des *institutions départementales*, mais ce n'est ni au gouvernement politique, ni même à des lois formulées sur des hypothèses qu'il faut les demander, c'est aux localités mêmes; leurs erreurs ou leurs intérêts bien compris feront leurs fautes ou leurs succès; soyez assurés qu'il y a maintenant, partout, trop de lumières et d'indépendance, et surtout trop peu d'influences incontestées pour que les faux calculs ou les vaines entreprises se multiplient.

Ce que j'entends ici par les mots *institutions départementales* a plus d'étendue qu'on n'en donne ordinairement à une désignation semblable dans le langage politique. Je veux parler des banques, des entrepôts, des monts-de-piété, des colléges et des écoles; des améliorations dans les routes, les postes, etc., etc., et non pas simplement des conseils d'arrondissement et de département; quel que soit le mode de leur formation, les conseils municipaux subissent toujours la volonté des populations qu'ils représentent, et ne peuvent méconnaître longtemps des intérêts assez pressants pour être soutenus par la voix publique. Honneur toutefois aux conseillers éclairés et honnêtes, qui savent discerner et satisfaire les besoins dont ils sont les mandataires. Ceux-là, certainement, travailleront à rendre plus prochain le moment où les départements seront pourvus d'institutions utiles.

(*France Départementale*. — *Février* 1835.)

CONSEILS GÉNÉRAUX.

La loi nouvelle classe les travaux des conseils généraux en *votes*, *délibérations*, *avis* et *arrêtés* ; cette division semble avoir été écrite, comme presque toutes les dispositions des divers projets de lois, par et pour l'administration centrale. Il serait plus philosophique de diviser les travaux, non pas suivant la suite qu'on doit leur donner dans les divers ministères, mais bien suivant leur nature. Ainsi quelle est la participation du conseil général dans nos divers systèmes d'éducation publique? la loi ne l'exprime pas. Quelle action le conseil peut-il avoir sur le commerce, l'industrie et l'agriculture? rien ne le détermine. Les *votes* qui s'appliquent aux dépenses variables et à la répartition des centimes sont le plus souvent soumis à l'approbation ministérielle. Les *délibérations* et les *avis* qui comprennent toute la partie la plus importante des travaux des conseils généraux, celle qui touche aux intérêts de civilisation, doivent faire l'objet d'ordonnances royales, et l'on sait quelle distance il y a souvent entre une délibération et l'ordonnance qu'elle provoque. Enfin les arrêtés concernant les dépenses d'administration préfectorale, peuvent être cassés par l'administration centrale, s'il en faut croire les précédents et le silence de la loi.

On voit qu'ainsi constitués, les conseils généraux ne sont que des assemblées consultatives; ils peuvent prendre dans le pays une haute influence encore, et la loi telle qu'elle est présentée, bien qu'elle semble d'abord arrêter cette fièvre de décentralisation qui brûle les membres de nos assemblées départementales, ne fera qu'augmenter leur puissance et qu'asseoir sur des bases solides la décentralisation administrative dans ce qu'elle a de raisonnable et de sage. Pour les conseils généraux, c'est dans la gêne même qui leur est imposée que se trouve un avenir certain. Rien ne leur permettra de se discréditer et pour l'administration centrale quelle immense instruction que celle qui peut naître des avis et des vœux de ces réunions d'hommes éclairés. La loi est donc bonne pour notre temps, mais elle a ce funeste caractère qui entache presque toutes celles qui sont chaque jour votées par nos chambres, elle est passagère, elle n'a ni prévoyance de ce qui sera ni toujours conscience de ce qui est. On aurait peut-être pu s'en passer sans péril ni gêne, mais elle vient constater à peu près l'état de la question et en cela elle est utile pour amener une meilleure loi dans quelques années.

Une seule chose qui jusqu'à ce jour était restée indécise, se trouve fixée dans la nouvelle loi, c'est la publicité qui doit être donnée aux travaux des conseils généraux. Cette publicité est réduite à celle des *résultats*, et certes c'est déjà là une immense amélioration à cause de la promesse que cet article de la loi nous fait de nous montrer chaque année la statistique de toute la France. Dans l'absence de disposition législative à cet égard, plusieurs départements, où les débats et les travaux des conseils généraux étaient entièrement secrets, ne nous permettaient pas d'établir une opinion sur l'ensemble des délibérations. En présence de la nouvelle loi, les votes, les délibérations et les avis des conseils généraux seront sans doute complétement formulés, mieux motivés qu'autrefois et l'on pourra ainsi apprécier les volontés et les opinions de chaque département. Je regrette certainement qu'en présence des discussions passionnées et irritantes de nos assemblées politiques, le législateur ait cru devoir limiter la publicité des travaux des conseils à celle des résultats, car il est bien positif à mes yeux après deux années d'étude sur ce sujet, qu'il serait utile de donner un véritable retentissement aux paroles qui se prononcent dans le sein des conseils pourvu que la publicité ne vint qu'après la clôture de chaque session.

(*France départementale. — Janvier* 1837.)

Les importantes délibérations des conseils généraux auront un jour une haute influence sur la civilisation du pays ; c'est dans ces délibérations que réside réellement la décentralisation à laquelle il nous est permis d'atteindre, et c'est ouvrir une voie large à l'avenir des provinces que de créer d'abord entre elles de nombreuses communications matérielles.

(*Id. — S eptembre* 1836.)

Le régime des hôpitaux, des hospices et des prisons, la distribution des secours, l'organisation des Monts-de-piété et des caisses d'épargne, l'institution des salles d'asile, des écoles normales ou d'enseignement primaire et secondaire, celles d'enseignement professionnel, peuvent faire naître dans les conseils généraux de vives discussions sur des intérêts de localité. Mais toujours vous trouverez dans ces discussions mêmes une pensée générale, quelque étroites qu'elles paraissent d'abord. Ce sera, par exemple, la propagation ou la restriction d'un système d'éducation ou de secours : *l'opinion du temps* y sera manifeste. Vous verrez le chef du département applaudi, encouragé, s'il propose une mesure qui ait de l'utilité ; il se débattra vainement pour faire accueillir une proposition qui lui serait dictée par l'administration parisienne, et que celle-ci aurait envoyée toute formulée d'après quelque économiste bien renommé, mais mal instruit de notre état social, ou d'après quelque théoricien habile dont la doctrine de cabinet manque de base réelle dans notre population.

C'est donc des conseils généraux que nous devons attendre souvent la lumière, et surtout pour ce qui concerne les institutions de bienfaisance ou d'éducation publique ; en attirant leur attention sur telles ou telles questions, notre but n'est autre que de les appeler à résoudre des problèmes dont la solution nous paraît présente, mais impossible sans leur secours. (*Id. — Juin* 1836.)

FINANCES.

—

Nous vantons beaucoup en France notre comptabilité administrative, et en effet elle offre le rare avantage d'embrasser toutes les sources de revenus et de comprendre toutes les dépenses du pays. Elle permet de se rendre compte minutieusement de tout et sous toutes les formes ; elle est d'une belle unité ; scientifiquement elle est parfaite. Dans la pratique, il faut pourtant reconnaître qu'elle laisse beaucoup à désirer. La machine joue très-lentement, elle exige le travail de trop de manœuvres. Elle est beaucoup plus simple en théorie qu'en fait. Le système des Américains est différent; compliqué en théorie, il est simple dans la réalité. Il joue rapidement et occupe peu de bras. En France nous avons supprimé autant que possible les caisses spéciales ; les Américains au contraire ne voient aucun inconvénient à les multiplier. Ils ont la caisse générale, la caisse des canaux, la caisse des écoles primaires, la caisse de la dette publique, à quoi se joignent dans l'État de New-York la caisse littéraire destinée à subventionner les *Académies*, et la caisse des banques. Chacune de ces caisses a ses capitaux séparés et ses revenus distincts qui sont administrés séparément par un comité spécial. Le fonds des écoles primaires, le plus considérable de tous, s'élève à dix millions. . . . . . .

La spécialité dans les services répond à un des besoins les plus vifs de la nature humaine : en politique, à l'esprit de corps ; dans l'ordre moral, à la personnalité, aux sentiments de la famille et de la propriété. Pour les hommes, malheureusement trop rares, aux yeux de qui les considérations morales méritent la peine d'être pesées, même en matière administrative, ce sont là des raisons qui en valent d'autres. Dans tous les cas, il est sûr que la spécialité épargnerait beaucoup de formalités et d'écritures, et économiserait beaucoup de temps. L'on n'a pas idée des jours et des mois qui se perdent par les délais que subissent les paperasses dans chacun des bureaux qu'elles ont à traverser, en vertu de l'unité absolue qui est instituée dans notre comptabilité et dans notre organisation administrative en général. . . . .

L'on remédierait à plusieurs des inconvénients de notre système absolu d'unité, en divisant le budget en deux parties; l'une, comprenant les services permanents, serait votée une fois tous les cinq ans, par exemple; l'autre, celle des dépenses extraordinaires, serait soumise au vote annuel des chambres. Indépendamment de ce correctif, il serait bon d'admettre diverses réserves à la règle d'unité, et de ne pas absorber toutes les caisses spéciales dans le gouffre du trésor public, sans spécialiser cependant autant que les Américains. Je réclamerais sutout une exception en faveur de la caisse de l'instruction publique et de celle des invalides de la marine.

(*Opinion de M. Michel Chevalier*, *insérée*, *en mai* 1836 *dans la France Départementale*, *dont M. Nestor Urbain est le rédacteur en chef.*

CONVERSION.

1º Lorsque les circonstances sont le plus favorables pour convertir la dette publique d'un pays, l'opération réussit rarement, surtout quand la dette est considérable, soit parce que ceux qui sont chargés de la diriger, se livrent à de fausses combinaisons soit parce que les dangers inhérents à toute opération de cette nature, l'emportent toujours sur le bon vouloir et l'habileté d'un homme d'état, quel qu'il soit, quand il n'a pas à sa disposition les ressources financières d'un établissement de crédit considérable, riche, tout-puissant comme la banque d'Angleterre.

2° Lorsqu'une prospérité, quelquefois mensongère, laisse accroire que le moment est venu de se livrer à une opération qui doit exercer une influence incalculable, il survient une crise, un malaise qui affecte soudainement le commerce, l'industrie et le mouvement financier: et, si l'opération est commencée, il faut la suspendre, ce qui est un grand mal, ou la poursuivre, ce qui cause des désastres ; toute nouvelle émission de rentes, toute opération sur la dette consolidée appelle à l'instant tous les capitaux, toutes les ressources des spéculateurs, et les enlève à l'industrie ; enfin, si la sagesse d'un des pouvoirs de l'état a prévenu les maux de la mesure proposée, la nation doit s'estimer heureuse que la perturbation du crédit public ne vienne pas compliquer la situation lorsque la crise éclate. . . . .

Sans doute, si minime que puisse être une économie, il est du devoir d'un gouvernement de l'opérer toutes les fois qu'il peut le faire sans inconvénient. Mais ici, la simple tentative de la conversion aurait pour effet d'arrêter tout essor de l'industrie, tout projet de chemins de fer et de canaux dans ces départements, au nom desquels cependant on affecte de solliciter si vivement cette mesure. Cela est facile à démontrer, et c'est uniquement dans l'intérêt des départements que nous repoussons la conversion.

(*France départementale.* — *Janvier* 1838. — *Opinion de M. Cardonne.*)

IMPOT.

—

L'impôt, pour ne pas diminuer la richesse sociale, ne doit pas atteindre directement les matières premières ni le travail.

Mais il peut sans inconvénient être placé sur les produits compliqués de l'industrie ou sur les relations qui résument une grande quantité de travail, qui proviennent d'un mouvement actif, et sont par conséquent le résultat d'opérations nombreuses qui toutes ont déjà produit la richesse.

Ainsi le transport qui ne peut avoir lieu qu'après des transformations multipliées peut supporter l'impôt. Le péage établi sur le canal de New-York suffit presque seul aujourd'hui pour payer les dépenses de cet état; comparez l'immense quantité de valeurs transportées pour arriver à ce résultat, et voyez si l'impôt sur une propriété n'est pas dix fois plus onéreux à la société que celui qui se paie dans le mouvement des matières.

(*Introduction à l'étude de l'économie politique. —Page* 164.)

On peut douter que les impôts soient profitables dans les états apathiques, comme l'Espagne, l'Allemagne et la France même, où il faut de longues années pour compenser les dépenses de l'état par un actif social qui soit une richesse pour tous. Toutefois, si le doute est permis à ceux qui se trouvent placés sur un sol sans énergie vitale et sous un gouvernement inhabile, jusqu'à ce jour, à multiplier la richesse par sa dépense, il faut, lorsqu'on examine les faits, reconnaître que, partout où les impôts servent à créer des institutions utiles aux masses, loin d'être déplacés, ils sont un élément de prospérité sociale : ils réalisent l'association. Les dépenses de la guerre que les économistes ont toujours regardées avec raison comme fort onéreuses aux peuples me paraissent devoir être classées surtout au nombre des dépenses improductives. Néanmoins il faut remarquer que le caractère de ces dépenses, varie suivant les antécédents et suivant la différence de civilisation où se trouvent des peuples voisins; souvent la guerre a eu pour résultat un immense progrès; c'était alors un moyen de multiplier les communications, d'en créer de nouvelles, c'était un événement heureux qui rapprochait les hommes et qui augmentait la richesse sociale. Mais ce qui constitue surtout la dépense improductive ce sont les frais de guerre qui n'ont pour but ni d'argumenter la sécurité du pays, ni de porter les doctrines de la civilisation chez les peuples ignorants.

Il est bien évident que dès l'instant où les dépenses portées au budget auront pour but de régulariser et de développer les communications qui sont la source des richesses, ces dépenses mêmes deviendront utiles au pays et plus il y aura d'impôts, plus il y aura de richesses créées. Dans cette hypothèse même, comme il y aura plus de travail à répartir, il y aura plus de salaires à payer et moins de pauvres.

(*Id.*, *page* 170.)

DOUANES.

Les douanes qu'on a qualifiées de protectrices ont pour résultat de priver le pays de certains produits exotiques. Les lois de la division du travail que j'ai cherché à reconnaître précédemment, la multiplication des communications que j'ai indiquée comme la seule origine des richesses, ne permettent pas de supposer qu'il y ait quelque justesse de vues dans le système protecteur, si ce n'est pour des cas et des époques très-déterminées.

Mais ce système a existé, il a laissé des traces, il n'est pas possible d'en faire abstraction.

Dans l'état actuel de nos communications avec des colonies, avec des industries qui n'ont pu naître qu'à force de sacrifices et de privations, il n'est pas possible de se faire l'apôtre d'une entière liberté, mais il est nécessaire d'étudier ce que les douanes sont dans la réalité, et, par conséquent, ce qu'elles peuvent devenir.

(*Introduction*, p. 195.)

Les denrées que le pays peut produire, qui tiennent à sa position géographique, à son climat, à sa topographie, en un mot, à ses facultés physiques ou aux facultés intellectuelles de ses habitants, peuvent être considérées sous deux points de vue : ou bien elles peuvent être transformées. Dans le premier cas, il est important de les multiplier : un droit à la sortie en rendrait l'exportation moins avantageuse, nécessiterait leur transformation dans le pays même ; un droit à l'entrée, en repoussant la concurrence étrangère pourrait retenir les prix et diminuer les chances de vente après la transformation. Dans le second cas, au contraire, ce qu'il faut multiplier, ce n'est plus la quantité de matières, ce sont les échanges : il faut donc laisser l'exportation complétement libre et l'importation possible.

Les denrées exotiques, celles que le pays ne peut produire qu'à grands frais, ou qu'il ne peut même jamais produire, peuvent être également considérées comme matières premières ou comme matières transformées. Les unes méritent d'être admises avec faveur, les autres peuvent être frappées d'un droit différent suivant les transformations possibles dans l'intérieur du pays ; car à proprement parler, cette division tranchée entre les matières premières et les matières transformées, n'existe pas ; une denrée peut subir plus ou moins de transformations, et en conséquence elle mérite d'être admise avec plus ou moins de faveur.

(*Id.*, *page* 197.)

Je pense que les droits de douanes, considérés comme impôts, sont des mieux calculés ; ils sont perçus sur des opérations commerciales compliquées, et s'attachent souvent à des denrées très-demandées et peu coûteuses. Mais ce que j'ai dit suffit, je crois, pour faire concevoir tout ce qu'il y a de délicat dans un sujet qui, dans notre temps et avec nos mœurs dès longtemps faites, ne peut être, ce me semble, complétement traité que pour des circonstances données et pour des exemples déterminés.

(*Id.*, *page* 300.)

Chaque province doit cultiver les denrées qu'elle peut produire le plus avantageusement.

Faut-il étendre le même principe de la division du travail à chaque pays ?

Cette question ne peut être résolue, je pense, à l'époque où nous vivons que pour une nation déterminée. En thèse générale, l'affirmation entraînerait la liberté commerciale dans le monde entier, mais alors l'état plus ou moins complet des communications établies ruinerait une nation et pourrait en enrichir une autre; le temps seul d'ailleurs amènera cette paix universelle qui fera des nations du globe les provinces d'un même empire et qui me paraît tout à fait nécessaire à l'établissement d'un système de liberté générale, bien que ce système lui-même doive plus tard être la première garantie de la tranquillité et de l'ordre du monde.

(*France Départementale. — Février* 1837.)

Nous sommes assez mal organisés pour accepter la liberté commerciale, et autant il serait utile d'ouvrir de suite quelques-uns de nos ports, en franchises de tous droits à toutes les marchandises, en même temps qu'on abaisserait les taxes sur toutes les denrées, jusqu'à la limite de la fraude impossible; autant notre puissance territoriale, notre agriculture et l'imperfection de nos communications intérieures exigent encore le maintien des restrictions, à l'abri desquelles toute notre existence s'est faite.

(*Id. — Janvier* 1836.)

La cherté de nos houilles tient uniquement à l'infériorité de nos voies de communication et non point à la difficulté des extractions; il est donc naturel de prévoir un moment où leur prix baissera de lui-même et sans que les bénéfices des entreprises diminuent; voilà donc la houille française délivrée de la plus grave objection qu'on puisse opposer au maintien de la protection dont elle jouit. Or l'industrie houillère a une immense racine, un durable avenir dans le pays; la consommation en éprouve un besoin constant et toujours croissant; elle-même est en progression et s'étend chaque jour davantage; en conséquence elle remplit toutes les conditions que nous avons imposées à une industrie pour obtenir une protection temporaire contre la concurrence de l'étranger. . . . .

A notre sens les houilles doivent obtenir protection même au détriment du tissage, des filatures et de toutes les fabrications industrielles ; parce que son importance est immense, que son histoire accuse un développement rapide et toujours croissant, que la France possède de vastes houillères suffisantes à la consommation de plusieurs siècles, et parce qu'enfin il ne faut peut-être pas dix ans de protection à l'exploitation de ces houillères pour vaincre sous tous les rapports les charbons étrangers.

(*Id.* — *Février* **1837**. — *Opinion de M. Fulgence.*)

L'admission des fers dans nos ports et dans l'intérieur du pays, surtout lorsque ces fers sont destinés à créer, dans la France, des communications dont elle est privée et qui semblent devoir lui assurer, un jour, une prospérité commerciale à laquelle elle n'est pas encore parvenue, peut être considérée sous tous les rapports comme une des mesures qu'il est le plus urgent d'introduire dans notre législation financière.

Bornée aux matériaux qui entrent dans la construction des routes, l'introduction du fer en franchise des droits, ne présente qu'un résultat certain : elle rendrait plus facile et plus prompt, l'ouverture des précieuses communications qui lieraient nos ports de l'Océan à l'intérieur de l'Europe, et qui, multipliant le temps et réduisant l'espace, augmenteraient la vie de chaque citoyen.

Mais l'abaissement général des droits sur les fers ouvrirait une carrière immense de travail et de richesse à toutes les industries qui emploient le fer à l'état de fonte ou de fer en barre. Ils porteraient préjudice, il est vrai, aux industries qui produisent, sur notre sol, ce métal dans le même état ; mais il est facile de voir que, considéré comme matière première, le fer a une importance décuple de celle qu'on peut lui attribuer en le considérant comme produit.

L'abaissement des droits sur les combustibles est une de ces mesures éminemment utiles aux départements maritimes où se trouve ainsi porté à bas prix l'agent principal de toute industrie manufacturière, le moyen le plus précieux de mettre immédiatement en valeur les denrées exotiques que le commerce apporte sur nos côtes.

(*Id.* — *Janvier* **1836**.)

Si la position des colonies n'est plus ce qu'elle fut autrefois, si la division du travail entre les nations devient chaque jour plus tranchée, et la distribution des fonctions mieux calculée d'après les capacités, comment un système de douanes établi en vue des intérêts coloniaux ou des intérêts exclusifs des peuples, pourrait-il subsister ?

(Introduction. — Page 194.)

IMPRIMERIE DE DUCESSOIS,
Quai des Augustins, 55.

OPINIONS
DE M. NESTOR URBAIN

EXTRAITES
DES DIFFÉRENTS ÉCRITS QU'IL A PUBLIÉS

QUESTIONS COMMERCIALES ET ADMINISTRATIVES.

COLONIES.

—

Qui ne comprendrait pas qu'aujourd'hui les colonies ont entièrement changé de position; qu'elles ne sont plus une portion éloignée du territoire de la métropole, mais bien un être à part ayant une individualité. . . . .

Ne serait-ce pas une haute mission pour un économiste moderne, que celle d'enseigner aux gouvernants qu'il faut avoir le courage d'accueillir les faits accomplis, et que c'est à eux de créer une nationalité aux colonies? Il y a un signe certain de révolution qui se montre dans toutes les possessions européennes aux Indes, en Amérique, dans les mers du Sud et dans l'Océan; c'est qu'il n'est aucune mesure législative nouvelle, aucune discussion de droits politiques ou commerciaux, qui ne mette en question la soumission des colonies à la mère-patrie. S'agit-il de savoir à Maurice si les noirs porteront des chaussures ou marcheront pieds nus? S'occupe-t-on à la Guadeloupe des droits que peuvent acquérir les hommes de couleur? Les droits à l'importation et à l'exportation des sucres sont-ils soumis en Angleterre à une enquête spéciale, et en France à une révision législative? Partout on se demande d'abord si le résultat de la décision qu'on va prendre ne sera pas d'aliéner à jamais les colonies. Il y a donc une bien grande gêne dans ces relations, qu'on représente comme celles d'une mère à sa fille, puisque l'on sent à chaque moment le besoin de les modifier, et qu'on n'ose le faire, dans la crainte de les rompre entièrement. . . . .

Si les Antilles, libres de s'approvisionner partout où la denrée serait abondante, ne payaient pas de primes à nos industriels, dont elles sont forcées maintenant d'acheter les produits ; si nos vaisseaux pouvaient aller prendre leurs chargements partout où se trouverait un marché bien fourni, les communications s'établiraient, non selon le droit, mais suivant la nature des choses ; la prime serait payée, non pas au privilége ni au monopole, mais au travail intelligent. Remarquez que tel est aujourd'hui l'ordre qui tend à s'établir, que la métropole ne pouvant, comme un maître jaloux, séquestrer sa colonie et la priver des nombreuses communications établies par le temps avec l'étranger, la comparaison de ce qui fut, de ce qui est et de ce qui sera nécessairement bientôt, est facile à faire.

De moment en moment, les faits enseignent aux masses que leur intérêt exige le libre usage de toute communication facile ou voisine, et l'abandon des relations privilégiées qui leur sont imposées. Une révolution est imminente; elle s'opérera.

Cette révolution, si nous tenons compte de la position nouvelle des intérêts, semble devoir commencer par des modifications dans le système colonial, dont le but serait d'établir des comptoirs avec certains priviléges et certains droits, plutôt que des colonies. Faire table rase, bouleverser les institutions existantes, serait agir contrairement à la loi progressive du développement; mais peut-être y a-t-il une voie nouvelle de prospérité ouverte à la nation qui la première cessera d'avoir des colonies, et multipliera ses relations pacifiques, je dirai même protectrices, sur tous les points du globe.

(*Introduction à l'étude de l'économie politique ,*
pag. 189 *et suiv.*)

SUCRES.

L'industrie du sucre indigène ne doit pas périr : les frais de premier établissement sont faits ; l'agriculture et l'élève des bestiaux en particulier en ont trop bien profité pour qu'elle ne vive pas à toujours dans notre pays; c'est une conquête que nous garderons; mais nous la garderons telle qu'elle est aujourd'hui, ou même moins lucrative pour le fabricant. Elle deviendra ce qu'est la distillation et la féculation de la pomme de terre, une industrie agricole, productive à force de soins minutieux, mais non une industrie vaste avec des bénéfices immenses et un avenir illimité.
(*France Départementale.* — Janvier 1836.)

C'est donc un point sur lequel tout le monde doit être maintenant d'accord, que l'industrie du sucre indigène est une industrie utile, et, sous quelques rapports, indispensable, et qu'à ce double titre, elle a droit comme les autres à une place dans la protection qui fait la base de notre système économique.
(*Id.* — *Juin* 1836. — *Opinion de M. Ozenn: insérée imprimée dans la France départementale dont M. Nestor Urbain est rédacteur en chef.*)

La consommation des sucres augmentera, les raffineries se multiplieront, il y aura plus de travail et plus de richesses créées; mais nous n'en sommes point à répudier nos colonies, à faire bon marché de notre marine, pour donner au sucre indigène un développement factice qui, tôt ou tard, amènerait une crise. (*Id.* — *Janvier* 1836.)

La question des sucres ne porte que sur une denrée qui subit peu de transformations manufacturières, produit peu de travail, et n'est jamais d'une nécessité absolue pour ceux qui la consomment. La quantité qui suffit à chacun est d'ailleurs toujours fort minime; de sorte que c'est assurément l'une des matières que l'on peut frapper d'un impôt avec le moins d'inconvénient. Cet impôt ne gêne en rien les travailleurs, il se trouve naturellement pris sur le luxe, et réparti entre un grand nombre de citoyens.

Tout impôt perçu à la frontière a une limite qu'on ne dépasse pas sans une grande perte pour le pays et pour l'état, c'est la limite de la *fraude impossible*. Dès qu'on *assure* la marchandise fraudée, l'impôt est mal perçu, et les frais de perception deviennent immenses. La prohibition de certaines étoffes chères en est un exemple; il n'y aurait pas de fraude possible pour les marchandises dites anglaises, si elles étaient soumises à un droit de 50 pour cent, et la prohibition commerciale n'en existerait pas moins, car avec un tel droit et des frais de transport, il n'y a pas de spéculateur qui puisse se placer entre l'acheteur et le fabricant étranger.

(*Id.* — *Janvier* 1836.)

Le projet de loi présenté à la chambre des députés, par le ministre des finances, pour soumettre la fabrication indigène à un impôt dont, en principe, on admet toute la justice, en raison de cette loi fondamentale de la société, qui veut que chaque citoyen contribue à supporter les charges de l'état, dans la mesure de protection qu'il en reçoit; ce projet de loi, disons-nous, semble ne devoir pas atteindre précisément le but que, sans doute, l'on s'était proposé. En effet, l'intérêt des colonies paraîtrait seul satisfait.

Il serait à craindre, si cette loi était adoptée dans son entier, c'est-à-dire avec toutes les entraves qu'elle suscite à la fabrication pour arriver à la perception de l'impôt, que les progrès du sucre de betteraves fussent tout à coup arrêtés, et son existence menacée d'une ruine presque complète. Car, ainsi qu'on le reconnaît dans l'exposé des motifs de ce projet, les petites fabriques ne pourraient plus exister; cependant ce sont elles qui ont le plus besoin de protection, parce qu'en se propageant dans les campagnes elles y portent le bien-être, et tendent à infiltrer la consommation des sucres au milieu de populations qui ne connaissent pas l'usage de ce produit, et le considèrent, encore aujourd'hui, comme un médicament; de plus, on créerait un monopole pour les fabriques à grands capitaux, en les débarrassant d'une concurrence qui provoque toujours à mieux faire, et réduit les trop grands bénéfices à de justes proportions.   (*Id.* — *Juin* 1836. — *Opinion de M. Ozenne.*)

Après avoir examiné la question des sucres, comme je viens de faire, il est facile de reconnaître la route que suivent l'industrie indigène et le commerce colonial :

L'amélioration de notre marine ;

L'abaissement progressif des droits jusqu'à la limite de la fraude impossible, jusqu'à ce que la consommation soit satisfaite (ce qui n'altère en rien les revenus du trésor) ;

La liberté de l'industrie métropolitaine, trop mal protégée par la nature, pour qu'elle puisse équilibrer le commerce colonial et prendre un développement factice, si les droits sont abaissés.

Voilà les mesures indiquées par la position actuelle.

(*Id.* — *Janvier* 1836.)

TRAVAUX PUBLICS.

Le gouvernement tel qu'il est organisé ne peut s'occuper fructueusement des travaux publics. Il n'a ni l'activité, ni la perspicacité, ni les lumières, ni la persévérance des intérêts privés ou des compagnies. Au lieu du zèle, de l'ardeur et du savoir-faire qui anime les maisons de commerce et leurs employés, il n'a que des habitudes bureaucratiques, des formes administratives d'une lenteur déplorable, des ingénieurs d'une habileté incontestable sans doute, mais absorbés par des détails de comptabilité, des commis indifférents ou indolents. Telles sont les causes qui font traîner les travaux en longueur, qui les rendent coûteux, et qui finissent souvent par les faire abandonner, parce qu'on se lasse de fournir sans cesse de nouveaux fonds sans perspective d'un résultat prochain ou probable.

(*Id.* Décembre 1837.)

VOIES DE COMMUNICATION.

Pour notre temps, pour notre pays, les voies de communications sont le plus prompt moyen de civilisation ; un consentement général certifie cette proposition, la manière de les établir et de les distribuer sur la surface du pays peut seule faire l'objet d'une discussion. (*Id.* Juin 1836.)

Chaque progrès de l'esprit humain se trouve marqué par quelque découverte dans l'art des communications. L'invention de la boussole établit entre l'antiquité et les temps modernes une grande division, elle a donné lieu à cet immense système colonial qui a fait de la puissance anglaise la plus grande du monde, et de la nation espagnole la plus dépourvue des commodités de la vie et la plus ignorante ; dès qu'on eut inventé les portes d'écluses, et par suite, les canaux à points de partage, la Hollande devint une nation riche et puissante. De nos jours la navigation par la vapeur a mieux fait comprendre que tous les écrits des légistes et des économistes, ce que doivent devenir les douanes ; elle donne lieu à des transactions nouvelles qui chaque jour se multiplient entre l'ancien et le nouveau monde. Que nos gouvernements la comprennent, et cette navigation aidée de nos nouveaux moyens de communication par terre peut devenir bientôt le premier élément d'une immense prospérité. (*Introduction*, page 78.)

CHEMINS DE FERS.

Est-il possible de songer à la construction de chemins de fer en France, et à la formation de sociétés financières sans l'intervention du gouvernement ? Et croit-on que les subventions qui sont portées aux projets de lois présentés le 8 mai, ne soient pas des encouragements absolument nécessaires? N'y a-t-il même pas à craindre que les chemins de Paris à Rouen et de Paris à Orléans, ne soient bien faiblement soutenus par les sommes qui leur sont attribuées? Les subventions fixes supposent un calcul bien arrêté d'avance des dépenses d'une société, et, sans contredit, le système de la garantie d'intérêt qui est adopté pour le chemin de fer de Marseille à Lyon est infiniment préférable pour les actionnaires de l'entreprise. Les théories du crédit sont fort peu en faveur en France : des sommes immenses sont toutes prêtes à donner aux affaires industrielles une impulsion qui promettrait au pays une longue prospérité d'avenir; mais les affaires industrielles présentent trop peu de garantie, il n'y a point assez de sécurité dans les placements qui reposent sur les chances d'une entreprise. Cependant le pays tout entier a le plus grand intérêt à voir prospérer toutes les compagnies financières, même celles qui ne se rattachent point à un intérêt public; car c'est la prospérité des sociétés commerciales qui peut faire naître la confiance, le crédit et l'esprit d'association.

L'intervention du gouvernement comme garantissant l'intérêt des actionnaires, est donc une première condition de succès. Elle est aussi peut-être mieux entendue sous le rapport économique, relativement aux intérêts du trésor : car si, d'une part, il semble à peu près indifférent d'allouer chaque année une petite somme qui servirait à compléter le paiement des intérêts, ou, dès aujourd'hui, une somme considérable qui, en diminuant le capital de la société, promette une répartition des bénéfices plus avantageuse, il faut considérer, d'un autre côté, que l'augmentation des impôts qui résulte d'une activité commerciale plus grande, rend à peu près nulle, pour l'État, la garantie de l'intérêt; il ne fait, pour ainsi dire, que l'abandon des bénéfices que lui promet l'ouverture d'une nouvelle voie de transport. Entre les avantages qui résultent pour le trésor d'une entreprise nouvelle et le déficit que la garantie d'un intérêt déterminé creuse dans la caisse nationale, la compensation est en définitive plus immédiate qu'entre les mêmes avantages et la subvention aujourd'hui comptée à une entreprise d'utilité publique.

Si les projets présentés le 8 mai sont votés par l'assemblée législative, et qu'ensuite des compagnies se forment pour l'exécution des chemins de fer que ces projets concernent, les départements que traverseront ces nouvelles voies de communication y trouveront certainement de précieux avantages . . .

C'est surtout par des chemins de fer de peu de longueur, qu'on pourra rendre réellement utile la création des routes à ornières; les avantages en deviendront évidents, et, sous ce rapport, les adjudications de chemins de fer sur les lignes de Saint-Germain et de Versailles ont dû précéder celles de plus grandes entreprises. Peut-être même eût-il été plus avantageux à notre avenir industriel d'attendre encore, pour mettre en construction des chemins qui ont près de soixante lieues d'étendue. (*Id. — Juin* 1837.)

AGRICULTURE.

Le rôle de l'administration n'est point de *faire de l'agriculture*; ce serait, d'un autre côté, arrêter la prospérité du pays que de vouloir, sous le régime administrateur qui règne encore parmi nous, laisser les habitants faire leur agriculture comme ils l'entendent. Mais le but de toute bonne mesure administrative doit être, ce me semble, de *faire faire* de l'agriculture dans les provinces, dans les cantons, dans les communes. Il est sous ce rapport fort bon de favoriser l'institution des comices, de multiplier les bourses dans les écoles spéciales vétérinaires ou dan les fermes-modèles, d'affecter des fonds à l'encouragement de races d'animaux domestiques, d'organiser des courses, des foires et des fêtes agricoles.

(*France Départementale. — Juin* 1837.)

Tous les économistes sont à peu près d'accord aujourd'hui sur les graves inconvénients qu'entraîne après lui le développement d'une culture contraire au sol qui la reçoit. La tendance presque générale des assemblées départementales serait cependant favorable à l'encouragement de l'agriculture la plus variée, *se suffire à soi-même, se garder de ses voisins*, c'est la doctrine de nos provinces agricoles. . . . .

Laissez un tel système envahir nos départements, et bientôt il faudra relever les barrières de douanes qui séparaient autrefois nos provinces. Au contraire ne sanctionnez les votes des conseils généraux que dans les limites qui leur sont imposées, et les primes qu'ils voteront sur le budget ordinaire pour l'encouragement des cultures factices seront impuissantes. Après d'inutiles efforts ils comprendront bientôt, ils ont même déjà compris qu'en ouvrant une voie directe ou économique vers le lieu de production, et se préparant par de bonnes cultures indigènes, des denrées d'échange, ils auront créé la véritable richesse pour eux-mêmes et ajouté un lien nouveau à ceux dont une bonne administration a fortifié l'unité territoriale.

(*Id. — Janvier* 1837.)

Il est peu de conseils généraux qui ne comprennent que des chambres d'agriculture instituées à l'instar des chambres de commerce sont devenues nécessaires pour que la décentralisation des intérêts agricoles puisse s'opérer; il est peu de fonctionnaires aussi, surtout parmi ceux qui sont placés à la tête de chaque département, qui ne provoquent une telle institution : elle doit en effet réaliser pour eux cette autorité à l'abri de laquelle toutes les mesures d'administration agricole qu'ils auront à prendre seront accueillies par les populations avec faveur.

Les chambres d'agriculture, comme toutes les institutions qui ont une valeur positive dans l'époque où elles naissent, ont d'ailleurs un caractère conciliant, car elles seront une force nouvelle qui viendra s'ajouter à l'action centralisante du pouvoir en servant à instruire les affaires sur les lieux mieux qu'on ne pourrait le faire par tout autre moyen ; mais quelle que soit l'utilité qu'en retire l'administration pour communiquer avec les comices et rétrécir les limites de sa correspondance, ce sera toujours un fait immense pour la décentralisation que cette institution posée dans chaque centre agricole, et devenant un moyen positif et certain pour les populations de mettre en lumière les intérêts de chaque portion de territoire, de les défendre, de les développer en les confiant à une société d'hommes qui les partagent, les comprennent, et dont les travaux d'ailleurs auront toujours pour objet des mesures d'administration prêtes à se réaliser ou déjà appliquées.

(*Id. — Juin* 1837.)

Mais les *banques agricoles* qui n'ont encore aucun établissement modèle, je pense, méritent d'attirer l'attention de nos départements. Qui ne sait combien l'agriculture est gênée par le défaut de capitaux ? Qui ne comprend que le résultat inévitable de la division des propriétés, c'est l'absence d'argent chez le plus grand nombre des propriétaires ? Chaque ville aussi a-t-elle ses prêteurs sur récoltes, comme elle avait ses prêteurs sur gages avant l'établissement des monts-de-piété. Certes il est très-difficile d'établir un bon système de banque agricole ; tout ce qui a été proposé en ce genre n'atteint pas le but ; mais des banques d'escomptes, des entrepôts nombreux, en rendant au commerce d'importants services, deviendront peut-être plus tard une base solide et connue, sur laquelle on pourra trouver à élever des banques agricoles convenablement constituées.

(*Id. — Février* 1835.)

INSTRUCTION PUBLIQUE.

L'enseignement, sauf quelques points généraux peu nombreux, doit être spécial à la profession et cela dans toutes les classes de la société, car, même dans les plus hautes études qui conduisent aux bancs de l'Institut, il faut souvent s'arrêter à une spécialité retrécie pour être supérieur à ses pères.

(*Id.* — *Mars* 1837.)

Les lacunes de l'enseignement intermédiaire sont surtout dangereuses pour la morale publique. Une instruction spéciale attacherait chaque homme à son état, des études générales portent toujours les désirs au plus haut point, et ne créent dans le cœur des élèves que des principes d'ambition.

Aussi les cours publics faits par des hommes de science sont véritablement de bonnes œuvres que la reconnaissance publique doit payer, que l'administration doit encourager ; il dépend des hommes savants de créer en France une sorte d'enseignement mutuel universel, et certes les résultats de leurs efforts ne se feraient pas attendre.

(*Id.* — *Mars* 1835.)

On comprend aujourd'hui dans tous les départements la nécessité d'un enseignement spécial ; on verra, lorsque les votes des conseils généraux seront tous résumés et complétement enregistrés dans le travail qui se fait annuellement au ministère, que c'est le sentiment le plus général qui domine dans la session des conseils généraux ; mais non-seulement la spécialité paraît être une garantie de bonne instruction, elle est encore le but vers lequel tendent toutes les vues de développement social ; il est vrai qu'elle résume assez bien les idées d'ordre qui sont liées intimement à celles de hiérarchie et qu'elle permet l'association entre les capacités différentes en éloignant toute pensée de concurrence, et dans notre époque l'*ordre* et l'*association* sont réellement nos mots de ralliement.

C'est en sacrifiant au principe de la spécialité que chaque département a fait un retour sur lui-même, et s'est attaché dans ses réponses aux questions que le ministère lui a adressées sur la législation rurale et l'aliénation des biens communaux.

(*Id.* — *Novembre* 1836.)

L'entraînement qui les avait portés (les conseils généraux) à la suite des élucubrations parisiennes n'a plus qu'une action amortie, et déjà l'on songe à remédier au mal, tout en faisant, par une sorte d'inconséquence, des efforts pour l'étendre. Les conseils généraux ont voté de nombreux subsides pour l'instruction primaire. C'est sacrifier encore aux principes qui ont été judicieusement adoptés, en supposant que l'instruction élémentaire, telle qu'on la conçoit, était une chose utile. Mais en même temps plusieurs ont songé à doter des écoles de filles: heureuse pensée qui est propre à modifier beaucoup l'enseignement ; car il n'est personne qui puisse songer à faire pour les femmes un plan d'éducation qui n'aurait pas pour base fondamentale la morale la plus sévère et les travaux manuels que nos mœurs attribuent au sexe féminin. Quelques conseils se sont aussi occupés des sourds-muets, et c'est encore ici une spécialité bien propre à ramener les esprits vers une distribution des matières de l'enseignement, telle que chaque degré ou chaque localité, plus ou moins rétrécie, aurait une école plus ou moins littéraire, plus ou moins industrielle, plus ou moins agricole.. . . . . , ...

Dès l'âge de deux ans la force des enfants et leurs jeux mêmes peuvent devenir productifs, peut-être serait-il sage d'instruire toujours le pauvre à exécuter un travail utile comme un philanthrope suisse l'a imaginé et mis à exécution avec tant de bonheur. La gymnastique des enfants peut être un travail, et les hospices peuvent devenir de vastes ateliers auxquels seraient annexés des jardins et des champs cultivés et qui produiraient de quoi rembourser une partie des frais de l'établissement. Il n'est pas sans exemple que les hospices d'orphelins et d'enfants trouvés, ou abandonnés soient devenus des écoles de mauvaises mœurs. L'apprentissage chez des maîtres, sous la tutelle de l'administration, est onéreuse et a tous les dangers de l'éducation donnée par le pauvre; des machines ingénieuses auxquelles s'appliquerait facilement la force des enfants, un apprentissage raisonné, dans l'intérieur d'un établissement bien dirigé, pourraient sans doute ouvrir aux enfants orphelins ou abandonnés des carrières lucratives ; un travail intelligent, productif et constant en ferait des citoyens utiles.

(*Id.* — *Novembre* 1835.)

ENFANTS TROUVÉS.

Un conseil, celui de Saône-et-Loire, a émis un vote qui devrait, ce me semble, éclairer le législateur sur l'avenir qu'il doit préparer aux enfants trouvés. Il a dit que les établissements destinés à l'éducation des orphelins devraient être à la campagne. N'est-ce pas blâmer l'usage de confier à des paysans isolés, ces pauvres enfants adoptés par l'état? N'est-ce pas recommander un enseignement professionnel dans l'intérieur de l'hospice? N'est-ce pas indiquer que cet enseignement professionnel doit être particulièrement celui qu'on doit à des cultivateurs éclairés? et si vous ajoutez à cela, l'arrêté du préfet de Nancy, qui ordonne d'envoyer à l'école et non pas à la garde des animaux, les jeunes enfants confiés à des nourrices; le vote d'un autre conseil, qui fait des enfants trouvés une pépinière d'ardents matelots, que vous restera-t-il des établissements dégénérés, dont vous voulez en vain réduire les dépenses?.. Qu'importe le chiffre des subsides, s'il produit au pays le centuple? Faites que les enfants trouvés soient d'utiles citoyens, et si toute la population naissante vient remplir vos hospices, réjouissez-vous, Sparte aura bientôt d'invincibles guerriers, vous aurez, comme Lycurgue, l'esprit, le cœur et les mœurs du peuple à pétrir de vos mains.

(*Id.* — *Octobre* 1836.)

Je ne saurais assurer que la suppression des tours soit sans inconvénient. Il est établi, sans doute, que le crime local, présent, et consigné dans les annales judiciaires, n'en est pas la conséquence. Mais qui peut répondre que dans l'avenir, ou même aujourd'hui, à l'insu de notre justice humaine, il ne se produise pas quelque infanticide, motivé par l'impossibilité où se trouvera une jeune femme de cacher au monde une faiblesse que la loi ne peut point punir?

(*Id.* — *Novembre* 1835.)

MENDICITÉ.

Il faut, je crois, considérer les institutions de bienfaisance comme étant de deux espèces : les *institutions de secours* et *celles de prévoyance*, la morale, d'accord avec les principes d'un bon gouvernement, tend à faire supprimer les premières en développant les autres; mais il faut reconnaître que ce but ne sera jamais atteint; c'est une perfection dont il est seulement permis d'approcher.

(*Id.* — *Février* 1836.)

Ce serait aussi bien mal comprendre l'organisation de nos sociétés, que d'introduire dans nos lois et dans nos règlements administratifs, cette pitié pour le malheur qui s'exerce et se satisfait facilement par une aumône passagère et imprévoyante. Dans les siècles qui ont précédé le nôtre, on a trop souvent étendu les principes de la religion chrétienne au gouvernement des hommes; autre chose est d'administrer une fortune particulière ou de régler les dépenses publiques; l'aumône et le bienfait qui lient les hommes entre eux et qui servent à établir les rangs de manière à coordonner toutes les parties du corps social, tendent au contraire, s'ils sont administrés publiquement et au nom de la société, à jeter le désordre dans le monde, à confondre les rangs en établissant le principe de la répartition des richesses, ou à réduire une partie de la nation à l'état de vils ilotes.

M. Duchâtel a parfaitement établi, dans son ouvrage sur la charité, les conditions de la bienfaisance, considéré sous le rapport social, il a montré tout le danger des aumônes publiques toute l'immoralité, j'oserai le dire, des hospices qui assurent un asile aux malheureux que font l'inconduite, le désordre ou l'imprévoyance.

Il reste aussi établi que pour le temps présent nous ne sommes pas dans une position assez nette, la société n'a point offert aux individus assez de moyens d'avenir pour qu'elle n'ait pas à remplir un véritable devoir en donnant des secours aux malheurs qu'elle a causés, à l'infortune contre laquelle elle nous empêche souvent de nous prémunir.

Les hôpitaux pour les malades, les hospices pour les vieillards, les dépôts de mendicité, les monts-de-piété, les bureaux de bienfaisance, les secours et les indemnités à domicile, toutes institutions de secours pour le soulagement des pauvres valides ou invalides, sont encore des établissements nécessaires à la France. (*Id. — Février* 1836.)

L'extinction de la mendicité est l'un des vœux les plus généraux émis par nos assemblées départementales. Mais ici comme pour les enfants trouvés, pour le clergé et pour toutes les institutions de bienfaisance, le but est connu, les moyens d'y arriver ne le sont pas.

Les dépôts, bien entendus, sont les moyens les plus efficaces pour l'extinction de la mendicité. Quelques départements en ont voté l'entretien et la création, et ils ont en cela fait preuve de haute sagesse. (*Id. — Octobre* 1836.)

MONTS-DE-PIÉTÉ.

Une institution de crédit dont le besoin n'est pas moins pressant que celui des banques dans le plus grand nombre de nos villes de province, c'est l'établissement des *monts-de-piété*.

(*Id. — Février* 1835.)

PRISONS.

Une remarque qui d'abord ne doit pas échapper à ceux qui étudient nos prisons et nos lois pénales, c'est que les premières ont, comme les secondes, une sorte de prétention à l'unité tout à fait inverse de ce que l'état de notre civilisation commande. . .

Cependant si vous portez un œil attentif sur tous les désordres sociaux, vous verrez que le plus grand nombre a pour cause la difficulté d'appliquer aux premières fautes des peines proportionnées qui puissent exciter plutôt à la vertu que pousser au crime. . . . .

La lutte des divers systèmes d'emprisonnement est tout entière dans ces trois mots, *régénérer*, *punir* ou *séquestrer*. Eh bien! soyons heureux de trouver trois moyens de proportionner la peine à la nature plus ou moins corrompue des condamnés, et ne nous faisons l'apôtre d'aucun système. . . . . . .

Chaque jour de progrès nous ramènera vers le philanthrope (**M. Appert**), bien que le point de départ doive être tout près des idées de *statu quo* répandues dans les réponses faites au ministère par les administrateurs des prisons. . . . . .

Il faut que les membres des conseils généraux et les préfets se gardent bien d'imiter le rapporteur du budget de l'intérieur, qui s'est fait cette année l'apôtre du système pénitentiaire des États-Unis et de l'Angleterre. L'imitation en économie sociale est fort commode, mais, soit qu'elle ait lieu du passé au présent ou de l'étranger à notre pays, elle conduit à l'erreur, parce que les objets comparés n'ont point d'identité . . . . . .

Mais quoique l'amélioration des maisons d'arrêt et de correction ne puisse être l'œuvre d'une année, hâtez-vous d'y porter la main, car c'est là qu'est la régénération prompte et facile de ces 40 à 50 mille hommes qui peuplent les prisons et les bagnes. Empêchez la corruption de faire des progrès dans les premiers séjours du crime; et vous diminuerez cette population de criminels dont l'entretien coûte cher à l'état et qui se recrute chaque année dans les prisons départementales.

Plus tard une législation mieux entendue, et pour ainsi dire plus civilisée, des magistrats armés d'une balance plus sensible, et moins prompts à punir d'un même châtiment des fautes différentes, amèneront un régime répressif plus complet...

Non-seulement dans les prisons départementales il n'y a ni travail pour les détenus, ni instruction religieuse et élémentaire pour les jeunes vagabonds, mais encore le voyageur sans passeport, le détenu pour dette, se promènent dans la même cour que le condamné aux fers et couchent quelquefois dans la même chambre et dans le même lit que le mendiant déjà repris de justice. Là ce n'est pas comme dans les maisons centrales, la cantine qui devient la plaie de la prison, c'est pis que cela, c'est le trafic dégoûtant du concierge · point de tarif pour les choses les plus simples, et quelles persécutions n'endure pas le prisonnier qui ne peut pas satisfaire la rapacité de ses gardiens! . . . .

Une maison destinée à renfermer des prévenus devrait être une sorte de maison garnie. L'entrepreneur soumis à un tarif, fournirait à chacun un appartement solitaire, tel qu'il pourrait l'avoir dans toute autre maison de santé. Les prisonniers à la charge de l'état auraient chacun une cellule où l'air et la lumière pourraient pénétrer, mais le régime en devrait être assez dur pour n'être pas recherché des vagabonds et des paresseux. Pour les maisons d'arrêt le système cellulaire est le seul réellement bon, mais la solitude doit être adoucie par tous les moyens possibles, le travail, la lecture, la société des amis, la communication avec les parents quand l'instruction l'autorise, doivent être permis et encouragés, car c'est ainsi qu'on peut empêcher qu'un prévenu innocent ne rentre coupable en prison bientôt après sa mise en liberté. . . . .

Les maisons de correction sont comme les maisons d'arrêt, les écoles du crime. Le régime de ces deux premiers domiciles, par lesquels passent ordinairement ceux qui finissent leur vie sur l'échafaud ou dans les bagnes, est si important, qu'il rendrait presque inutiles les maisons de détention, s'il était bon, et que toute régénération devient à peu près impossible s'il est mauvais. Les mesures prises dans une maison d'arrêt doivent être presque entièrement contraires à celles qui conviennent à la maison de correction : ici, point de cellules, si ce n'est, comme moyen de discipline, le travail en commun ; l'instruction religieuse et élémentaire en commun; pour toute récréation, la culture d'un petit coin de terre, l'exercice du soldat, la gymnastique, dirigés par un instructeur sévère; pour la nuit, des dortoirs bien éclairés, gardés par des chiens qui aboient au moindre bruit, et par des surveillants vigilants placés de manière à tout voir et tout entendre; des lits durs et distants l'un de l'autre; partout, à tout heure, pendant le travail et les jeux, LE SILENCE, le silence du trapiste, profond, absolu; peu de punitions et beaucoup de récompenses, toutes honorifiques; *aucun argent de poche*, des vêtements en compte; le lit, le vêtement, la nourriture, améliorés graduellement, suivant l'ardeur au travail et l'habileté acquise; le don de quelques objets désirés pour rémunération de la bonne conduite; la privation de tous ces avantages, et l'isolement avec ou sans lumière pour punition. Mais avant tout, sachez distribuer le travail suivant le goût du prisonnier et l'utilité qu'il en peut retirer après sa libération : *donnez à vos détenus un* ÉTAT *qui vaille mieux pour eux qu'un* PÉCULE *plus ou moins gros, toujours dissipé quand le besoin se fait sentir.* Que vos gardiens, vos surveillants, soient *d'honnêtes* gens, et, s'il est possible, dans le temps où nous vivons, des hommes *religieux*; que l'aumônier de la prison sache pénétrer dans chaque conscience, qu'il prêche seulement la miséricorde et la puissance de la prière; si un homme criminel CROIT que Dieu peut l'entendre et exaucer une juste demande, il PRIERA, et il sera sauvé d'un crime nouveau.

Et maintenant, combien faut-il d'argent pour établir une maison d'arrêt et une maison de correction suivant de pareils plans? Il n'en faut point au-dessus des dépenses d'entretien. Remarquez que toute prison, telle qu'elle est aujourd'hui, peut, avec peu de changements matériels, servir de maison de correction. Il en faut seulement changer le personnel et les règlements, ce qui ne saurait être onéreux aux départements.

. . . .

Il nous reste à établir les règles qui doivent déterminer le régime des maisons de dépôt et de justice, où les condamnés qui attendent pour être transférés dans les maisons centrales ou dans les bagnes sont momentanément déposés. Là sont aussi placés les condamnés à mort jusqu'au jour de leur exécution et trop souvent les aliénés. Les améliorations apportées depuis vingt ans au régime des prisons, suffiraient généralement si toutes ne devaient être que des maisons de dépôt, car les condamnés, les repris de justice prévenus de récidives, peuvent sans inconvénient habiter le même lieu pendant de courts instants, quelles que soient leurs fautes, et si le transport au bagne et aux maisons centrales avait lieu promptement, une exacte surveillance et la suppression de la cantine ou du trafic des concierges, suffiraient dans les prisons actuelles, considérées comme maisons de dépôt. Mais jamais un détenu ne devrait y subir sa peine entière, jamais un dettier ne devrait y être enfermé avec des criminels, non plus que les aliénés dont la place doit être préparée dans les hospices. Dans une prison départementale modèle, un quartier séparé contenant un dortoir, un atelier, une cour et quelque cellule servirait de dépôt ; de sorte que quatre quartiers différents, deux pour les hommes et deux pour les femmes, sont nécessaires à toute prison destinée à servir en même temps de maison d'arrêt et de dépôt pour les deux sexes ; ajoutez-y une infirmerie, et il vous sera facile de tracer le modèle d'une prison telle qu'on en devrait trouver dans tous les chefs-lieux et même dans les sous-préfectures.

(*Id. Juillet* 1836.)

IMPRIMERIE DE DUCESSOIS,
Quai des Augustins, 55.

www.ingramcontent.com/pod-product-compliance
Lightning Source LLC
Chambersburg PA
CBHW060710050426
42451CB00010B/1367